Nikolaus, Knusperhaus
und überall Engel

AF288419

Nikolaus, Knusperhaus
und überall Engel

Kinderbilder
zu Weihnachtsgedichten von Inge Rosemann

Bibliografische Information der Deutschen Nationalbibliothek:
Die Deutsche Nationalbibliothek verzeichnet diese Publikation in der Deutschen
Nationalbibliografie; detaillierte bibliografische Daten sind im Internet über
http://dnb.dnb.de abrufbar.

Impressum

3., überarbeitete Aufl. 2020
Texte: © 2020 Inge Rosemann
Bilder von Kindern der Malschule Norderney
Umschlaggestaltung und Satz: Claudia Thorn, DokuSearch Thorn & Baumbach
Herstellung und Verlag: BoD - Books on Demand, Norderstedt
ISBN 978-3-8370-6375-2

Small and light

Im Sommer geht man leicht im Kleid,
im Herbst in Schal und Mütze
und außerdem zur Regenzeit
mit Stiefeln durch die Pfütze.

Begegnet man der Nachbarsfrau,
kann man vom Wetter reden,
denn ob es grau ist oder blau,
betrifft ja einen jeden.

In Politik und Religion
denkt man sehr unterschiedlich –
dagegen ist die Diskussion
vorurteilsfrei und friedlich,

wenn Petrus überm Firmament
des Himmels Wetter wendet
und so Gesprächsstoff permanent
zu smiling small talk sendet.

Pfützen

Mit dem Stiefel und der Mütze
wandert Wilfried durch die Pfütze,
spritzt mit keckem Fußtritt feste
Schlammfontänen auf die Weste,
bis allmählich immer nasser
aus dem Wanderer das Wasser
mit Morast und Matsch zu Haus
fließt als Pfütze wieder raus.

Wie hat Mama sich erschreckt,
als sie ihn im Flur entdeckt!
Während sich der Held beleidigt
gegen Vorwürfe verteidigt,
wird er eilig ausgezogen,
etwas hin- und hergebogen –
Anders ist es nicht zu machen:
Wilfried klebt an seinen Sachen!

Zugedeckt bis an das Kinn,
legt Mama ins Bett ihn hin,
wo er noch ein wenig grollt
und sich auf die Seite rollt.
Mama geht. – Doch da ist wer,
keiner weiß genau, woher –
der sich auf den Wilfried jetzt
unsichtbar hat hingesetzt,

Ina

Jakob

Ei, das ist der Schnupfengeist,
der ihn in das Näschen beißt,
bis es oben zugestopft
aus den Löchern trieft und tropft.
Wehe! – Da muss Wilfried husten,
niesen und ins Kissen prusten
und vor neuerlichen Pfützen
sich mit Taschentüchern schützen.

Zuverlässig wirkt hier Wunder
Früchtetee von dem Holunder,
wenn er dampfend einverleibt,
schnell den Schnupfengeist vertreibt.
Mehr mit Anstand als Genuss
trinkt ihn Wilfried, weil er muss,
doch fühlt tröstlich ihn von innen
Schluck für Schluck herunterrinnen,

bis im Bäuchlein wohltätig
noch ein Pfützchen sammelt sich
und das Elend warm bewässert
bald insofern sich verbessert,
als er schließlich einschläft und
nach drei Tagen kerngesund
wieder durch die Pfützen flitzt
und sich – hei! – voll Wasser spritzt.

Paradiesfrucht

Der gute alte Apfelbaum
steht knorrig von Statur
im Frühling wie ein Blütentraum
weit sichtbar auf der Flur.
Die Früchte, die im Sommerwind
sich an den Zweigen wiegen
und wenn sie abgefallen sind,
verstreut im Grase liegen,
kann man mit bloßer Hand sofort
zum Beißen frisch ergreifen –
die andern auf dem Holzbrettbord
lässt man noch länger reifen.

Doch wenn es kalt wird, legt man auch
als Wintermedizin
die Bratäpfel nach altem Brauch
auf Ofen und Kamin,
und wer dann gute Butter nimmt,
kann fett mit Milch und Eiern,
mit Äpfeln, Zucker, Mehl und Zimt
Pfannkuchenfeste feiern.
Hat man sie schön in Dampf und Duft
braungolden zubereitet,
im Hause herrlich durch die Luft
Aroma sich verbreitet.

Auch Marmeladen und Gelees
aus Äpfeln schmecken lecker,
die Apfelkuchen in Cafés
serviert der Zuckerbäcker.
So ist dies Obst uns überall
in jeder Form willkommen,
doch wurde auch von manchem Fall
Bedenkliches vernommen,
was schon von Adams Zeiten her
in Märchen oder Sagen
sich durch der süßen Frucht Verzehr
hat brenzlig zugetragen.

Süße Soldaten

Wenn es Herbst wird, festlich gleich
rücken aus dem Himmelreich
braungebrannt aus Schokolade
pünktlich zur Verkaufsparade
ganze Regimenter an:
Jeder Kerl ein Weihnachtsmann!
Außen glatt und innen hohl,
schwarz gestiefelt mit Stanniol,
sind sie rot und weiß lackiert
alle wieder aufmarschiert
und besetzen die Regale
jeder Kaufhausfiliale.

Fröhlich auf den Bäckchen blitzen
rechts und links die Schnurrbartspitzen!
Vornehmere Exemplare
als vorzüglich teure Ware
präsentieren zur Saison
steif sich im Geschenkkarton:
Knisternd unter Zellophan,
dekoriert mit Marzipan,
werden die besonders frommen
Kinder sie geschenkt bekommen,
die sie dann – in allen Ehren –
mit Vergnügen nackt verzehren.

Aber dann als letzter Rest,
kurz vor dem Silvesterfest
wirft man sie auf einen Haufen,
um sie billig zu verkaufen –
Brust zerdrückt und Bart zerfetzt,
an den Ärmchen schwer verletzt,
werden sie so hilflos stumm
schnell geschnappt vom Publikum,
das ihr Mäntlein, noch so schmuck,
rücksichtslos mit einem Ruck
ihnen – ratsch! – vom Leibe reißt
und sie in die Bäuche beißt!

Dann sind die Regale leer –
Ab Oktober umso mehr
rollen sie gleich zentnerweise
ins Geschäft. – Als frische Speise
zuckersüß in Glanzpapieren
stehen sie und salutieren
mit dem Hinweis auf die Kosten
wieder stramm auf ihrem Posten.
– Sollt uns stets willkommen sein,
tapfere Stehaufmännlein,
welche Weihnachtsgrüße bringen
denen, die sie dann verschlingen!

Pharisäer

Durch einen Zufall ist in Deutschlands Norden
zur Winterzeit am kalten Inselstrand
ein Alkoholgetränk erfunden worden.
Als „Pharisäer" wurde es bekannt
durch einen Pastor, der mit Konsequenz
verlangte absolute Abstinenz.

Um ihn beim Tauffest nüchtern zu bewirten,
hat man Kaffee mit Sahne abgedeckt,
darunter still – außer beim Seelenhirten –
den streng verbotenen Alkohol versteckt.
Dem Pastor aber kam in Anbetracht
der allzu frohen Stimmung ein Verdacht,

sodass er heimlich einen Schluck probierte
– doch aus der Tasse von dem Tischnachbar –
und unverzüglich diagnostizierte,
was so berauschend da verborgen war.
„Ihr Pharisäer!" – titulierte er
die überführten Zecher, dass seither

man pflegt sich „Pharisäer" einzuschenken,
wenn es vorm Fenster wieder schneit und stürmt
und jenes Tages dankbar zu gedenken,
als unter Sahnehauben hochgetürmt
man präsentierte erstmals als Kaffee
die pastoral getaufte Schnapsidee.

Nebelfantasien

Kommt man im Winter verfroren nach Haus
und zieht Pullover und Stiefel aus,
wünschte man wohl, dass am warmen Kamine
unverzüglich der Butler erschiene
mit heißem Kakao! – Die Köchin vom Schloss
überm Feuer in einen Henkeltopf goss
Sahne und Milch. – Breithüftig mit Schürze
tunkt sie dann Zimt als köstliche Würze
in die Soße zum Sieden, worauf sie den Zimt
vorsichtig wieder der Soße entnimmt

und gibt die vorher kräuselig fein
geraspelten Schokotafeln hinein.
Sind sie geschmolzen, schlägt sie leicht sämig
den duftenden Trank drei Minuten lang cremig,
den der Butler serviert, auf dass man die Tasse
mit beiden Händen begierig umfasse
und wonnig fühle die sanftsüße Wärme
durch die Kehle in die erstarrten Gedärme
zauberisch rieseln – wenn man wäre der Boss
in einem englischen Märchenschloss.

Winterwunder

Im Herbst, da wird es trüb und kalt,
mit jedem Tage mehr –
die Sonne sinkt, und nur zu bald
wird auch das Herz so schwer,
bis heimlich über der kleinen Stadt,
leise vom Himmel geweht,
zur Nacht sich ein Wunder gebreitet hat,
das ganz aus Sternen besteht.

Sie kamen geflogen vom himmlischen Reich
zu unserer dunkelnden Erde,
damit so lautlos, milde und weich
sie sanfter gebettet werde.
Und wenn im weißen Gewande sich
die Bäume ringsherum neigen,
ist alles still. – Wie feierlich
Erde und Himmel dann schweigen !

Doch kommt mit eiserner Schaufel jetzt
der Hausmeister gegangen
und hat nach städtischem Brauch und Gesetz
zu kratzen angefangen.
Er schleudert einen finstern Dreck
aus seiner Schultertasche,
der beißt den Schnee gewaltig weg
mit Salz und grober Asche.

Es gehen dann im Tageslauf
viel Stiefel drüber her,
sie trampeln und treten feste drauf
mit Sohlen zentnerschwer
und haben eisgrauen Matsch gemacht
aus zartesten Kristallen –
doch morgen schon wieder sind über Nacht
schneeweiße Flocken gefallen.

Winterfreuden

Das ist Frau Holles Zeit, wenn in den Lüften
es leise rieselt und mit Apfeldüften
ein Hauch von Zimt, Holunder und Vanille
weht durch des Hauses winterliche Stille.

Am Kachelofen auf dem Kanapee
trinkt die Familie Nachmittagskaffee
aus den geschweiften, hohen Henkeltassen.
Schneeflocken wirbeln über Kopfsteingassen,

und wie ein Feenlicht aus Märchenfernen
erleuchten durch den Nebel die Laternen
Torbogen, Dächer einer kleinen Stadt,
verschneite Stufen und ein buntes Ziffernblatt.

Schneezauber

Die alte Standuhr schnurrt und tickt,
das Schaukelpferd, es träumt und nickt,
und vor den weißen Gardinen am Fenster
huschen Hexen und Spukgespenster –
Die Kinder staunen und schauen und lauschen,
wenn die Flocken im Winde wie Schleier sich bauschen,
wenn es knackt und knistert unter den Dächern
und flüstert in dämmernden Schlafgemächern:

Wer den Apfelbaum rüttelt,
die Federn aufschüttelt,
fände den Weg ins verwunschene Land,
wo die Spindel taucht übern Brunnenrand –

Da jauchzt Frau Holle und pustet zwölf Fuder
zu himmlischen Hauben aus stäubendem Puder
auf Giebel und Gassen, bis geisterhaft
alles versinkt in der Schneelandschaft.
Und darüber weht und rieselt es wieder
aus den Wolken in wirbelnden Schleiern hernieder,
in Feenschleiern von Silberkristallen,
die Frau Holle lässt über die Erde fallen.

Advent

Nikolaus

Als wahrhaft starke Glaubensstütze
einst Bischof Niklaus stand
mit Krummstab und der Dreiecksmütze
im heiligen Gewand.
Ein Mensch, ein Mann, ein Christ und Vater,
und was er predigte, das tat er!

Wenn Bischof Nikolaus vernahm,
dass bitterlich in Not
ein Mensch durch große Armut kam,
bedroht vom Hungertod,
hat er ihm heimlich in der Nacht
Geld oder Gold ins Haus gebracht

und leise in den Schuh gesteckt,
stillglänzend dort verborgen,
der Arme hat es dann entdeckt
erstaunt am nächsten Morgen.
Woher der Schatz gekommen war,
blieb rätselhaft und wunderbar.

Denn Nikolaus verhüllte sich,
dass keiner ihn erkannte
und den Wohltäter öffentlich
niemand mit Namen nannte.
Sorgfältig stets verschwiegen hat
er alles, was er Gutes tat.

Der Mann, der so bescheiden war,
er wurde weltbekannt,
dankbar gefeiert tausend Jahr
in jedem Christenland
und kommt noch heut in jedes Haus
zur Weihnachtszeit als Nikolaus.

Geheimnisse

Wenn die Wolken tief und schwer
ziehen über Land und Meer
und die ersten weißen Flocken
Kinder vor die Haustür locken,
wenn aus Mamas Plätzchenküche
steigen Weihnachtsfestgerüche,
schreitet auch der Niklaus bald
rüstig aus dem Tannenwald.

Heute Nacht, da wird er kommen!
Wilfried hat die Mär vernommen,
doch beschäftigt ihn seitdem
voller Sorge das Problem:
Kann er denn im Dunkeln sehen,
wo die Schuh zum Schenken stehen?
Wilfried denkt sich etwas aus,
und ein Schuh wird vor dem Haus,

wo er gleich ins Auge fällt,
ehrerbietig hingestellt.
Sieh, da steht er nun allein
wartend im Laternenschein.
Als er sich zum Schlafen legt,
ist der Wilfried aufgeregt
und lauscht ängstlich lange Zeit
wachsam in die Dunkelheit,

bis er glaubt, da kommt gar keiner –
oder ist da eben einer
lautlos hinter den Gardinen
unterm spitzen Hut erschienen?
Schleicht da jemand durch die Nacht?
Wilfried, morgens früh erwacht,
sucht sofort, wo er zuletzt
seinen Schuh hat ausgesetzt.

Aber da erschrickt er sehr:
Denn der Schuh, der Schuh ist leer!
Ob er wohl im letzten Jahr
irgendwann nicht artig war?
Solche Fragen bleiben offen –
Wilfried wendet sich betroffen
mit dem Schuh in seiner Hand
dahin, wo er vorher stand,

schiebt gebückt, beschämt und schnell
weit ihn unters Bettgestell.
Dabei merkt er aber, dass
leise hinten irgendwas
raschelt – und erstaunt im Dunkeln
sieht er etwas Goldenes funkeln.
Was ist das denn? – Er fasst zu –
ja! – es ist der andere Schuh!

Als er ihn nach vorne zieht,
ist es herrlich, was er sieht:
Unter Haufen kolossaler
dicker Schokoladentaler
glitzert was – nanu? – oh nein! –
eine süße klitzeklein
bunt verzierte Eisenbahn
ganz aus weißem Marzipan!

Aber als er sich entzückt
über all die Schätze bückt,
da bewegt in dieser Lage
Wilfried wieder eine Frage:
Wenn das alles heute Nacht
ihm der Niklaus hat gebracht,
wie kam denn der Nikolaus
in das zugeschlossene Haus?

Louisa

Ein Haus für die Hexe

Man schneidet zunächst für das Knusperkekshaus
in Pappe alle Schablonen aus.
Mit Rübensirup von einem Pfund
verrührt man ein halbes Pfund Zucker, und
zwei große Eier darunterheben,
dann hundert Gramm gute Butter zugeben,
die sanft von milder Wärme erweicht,
von selbst in der Schüssel allmählich verstreicht.
Fünf Teelöffel Backpulver wären nun
in der nächsten Schüssel zusammenzutun
mit vier großen Löffeln Kakao und trocken
noch vierhundert Gramm zarter Schmelzhaferflocken

zu sechshundert Gramm Mehl. – Man mische dies
mit den Gewürzen: Nämlich Anis,
ein Teelöffel voll, worauf man nimmt
zwei Teelöffel voll von dem bräunlichen Zimt,
und vom Nelkenpulver wird zuletzt
ein halber Teelöffel zugesetzt.
Löffelweis alles mit Knethaken zwischen
die erste zuckrige Masse mischen,
danach im Eisschrank aufbewahrt,
wird der Teig in dreißig Minuten hart.
Man rolle ihn ein Zentimeter dick aus,
dann nach den Schablonen das Hexenhaus

schneiden und backen, worauf man es lässt
langsam erkalten und schlägt dabei fest
vier Eiweiße ohne das Gelbe vom Ei
mit tausend Gramm Puderzucker zum Brei
als Leim für den Bau. – Vorsichtig sacht
werden die Mauern jetzt spitzbedacht
auf einem Tablett steil aufgestellt,
und damit es nicht wieder zusammenfällt,
mit dem Zuckereischaum rings im Geviert
samt Dach an den Seiten stabilisiert,
wenn der Schaum wie Zahnpasta durch die Tülle
einer gedrehten Tütenhülle

weißglänzend hervorquillt. – Mit buntem Konfekt
und Zuckerguss wird das Häuschen bedeckt,
mit Schokolade und Pralinés,
dass bestäubt mit Resten des Puderschnees
nach nur zweieinhalb Stunden Schnellbauweise
verführerisch lockt eine Märchenspeise!
Ebenso backt man in Kurzmontage
Zaun, Tannen mit Hexe zur Außenstaffage,
verziert auch diese Figuren zum Schluss
mit Süßigkeiten und Zuckerguss,
und kämen Hänsel und Gretel gegangen,
könnten sie keck an zu knuspern fangen.

Aus Pappe oder Backpapier die Schablonen zuschneiden. Dafür mit einem dicken Bleistift zwei Rechtecke für das Dach (21 x 25 cm) und die Seitenwände (21 x 8 cm), vier Rechtecke für den Schornstein (2,5 x 4 cm) sowie zwei passende Giebel auf die Pappe oder das Backpapier zeichnen. Dabei auch Fenster- und Türöffnungen vorsehen. Nach Belieben zusätzlich einen Baum und Figuren zeichnen. Die Schablonen ausschneiden und beiseite legen.
(Backen zur Weichnachtszeit, Gondrom Verlag, Bindlach 2001)

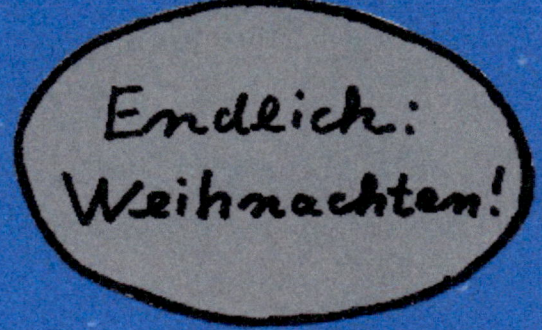

Woher kommen die Weihnachtsmänner?

Wenn es kalt wird, früh im Dunkeln
auf den Straßen fröhlich funkeln
lauter bunte Lampenlichter
um vergnügte Bartgesichter.
Weihnachtsmänner scharlachrot
stehen jetzt als Aufgebot
im gespreizten Stiefelschaft
auf der Wache. – Zauberkraft

hebt sie über Hausfassaden
auf das Dach, wo schwerbeladen,
doch fixiert mit Draht und Strick
sie Passanten ins Genick
auf den Elch- und Rentierkutschen
drohen wieder abzurutschen,
obwohl keiner runterfällt,
weil des Himmels Arm ihn hält.

Danach bis zum nächsten Jahr
fahren sie im Januar
wieder nordwärts, wo sie ferne
basteln unterm Glanz der Sterne
die Geschenke haufenweise,
die im Schlitten für die Reise
in den Säcken hoch an Bord
warten auf den Abtransport.

Hopp hurra – ! – mit Jubelrufen
auf den blankgeputzten Kufen
brausen dann die Weihnachtsmänner
stehend auf dem Doppelspänner
hinterm festgefassten Zügel
über Wälder, Berg und Hügel!
Schneeaufstäubend ohne Stopp
steuern sie den Elchgalopp,

bis mit sturmzerzaustem Bart
nach der wilden Schlittenfahrt
alle müssen sich beeilen,
die Pakete zu verteilen
und mit Licht von allen Seiten
in der heiligen Zeit begleiten
jeden, dem als Mensch und Christ
ihr Himmelsgruß willkommen ist.

Da streikt auch der Weihnachtsmann

Überall im ganzen Land
wartet man schon sehr gespannt
auf den guten, frommen
Weihnachtsmann, der heut jedoch
seit vier Uhr und immer noch
gar nicht scheint zu kommen –

Ach! – Es will wie jedes Jahr
die EU auf Formular
ganz ausführlich wissen:
Wann und wie und wo und ob
er die Ladung im Galopp
hätte umgeschmissen?

Deshalb muss er vor dem Start
seiner Heiligabendfahrt
erst noch beurkunden,
ob die Päckchen, die er packt,
sicher wurden eingesackt
und fest zugebunden?

Fährt er selbst mit Stiefelstoß
hinter seinem Schlitten los
statt mit Elchgespannen?
Wenn er um die Bäume fegt
und sich in die Kurven legt,
müssen alle Pannen,

falls er über Zäune fliegt
und im Schnee kopfüber liegt,
hinsichtlich Beschwerden
v o r m erfolgten Schadensfall
wie auf Erden überall
hoch versichert werden!

Himmel! – Er verspätet sich
und flucht gotteslästerlich
über Frachtangaben –
bis er, weils schon dunkel ist,
nach verstrichener Lieferfrist
bauz! – fällt in den Graben,

wo vom Schneesturm zugeweht,
er den Schaden noch so spät
erst muss registrieren
in dem Unfallprotokoll
dreizehn lange Seiten voll
und erbärmlich frieren.

Grimmig könnte irgendwann
auch dem besten Weihnachtsmann
die Geduld mal reißen –
dass er Brüssel im Galopp
möchte einen solchen Job
vor die Füße schmeißen!

Schlittenfahren

In dem Jahr zweitausendzehn
da ist Folgendes geschehn:
Dicht bei Stade liegt ein Ort
mit dem Namen Himmelpfort.
Dahin werden massenhaft
postbetrieblich hingeschafft
all die Kinderbriefe an
einen lieben Weihnachtsmann,
dass er unterm weißen Bart
Päckchen bringt auf Schlittenfahrt.

Aber dann –
schoss ein wilder Weihnachtsmann
zum Entsetzen seiner Fans
plötzlich aus der Transzendenz!
Ach! – Wer hätte denn erwartet,
dass er statt der Doubles startet
höchstpersönlich hinter vieren
zaumverzierten Fellhaartieren.
Im Galopp vor Silberkufen
unter blitzend hellen Hufen

wars ein durch die Lüfte Brausen,
über alle Täler Sausen,
mit so scharfem Funkensprühen,
feuerfarbenem Kufenglühen,
dass die Menschen sich erschreckt
haben tief im Haus versteckt,
während Päckchen hoch im Bogen
pfeifend auf die Dächer flogen,
durch den Schneestaub kollerten
und ans Haustor bollerten,

bis man überm Schlitten stehend
sah den Heiligen mantelwehend
wie im Sturmwind aufgestiegen
wieder zu den Sternen fliegen –
Doch das ganze Abenteuer
war dem Bischof nicht geheuer,
denn die Art der Offenbarung
passte nicht zur Heilserfahrung,
und es wurde nicht erlaubt,
dass man die Geschichte glaubt.

Ein Bänkelgesang:
Reue und Bekehrung am Weihnachtsabend

Unter Bäumen still gelegen
grüßt das alte Försterhaus,
wo man auf des Waldes Wegen
raubt die Wanderer alle aus.
Doch am Nachmittag, da war es,
dass im Dämmern nahte sich
Ende des vergangenen Jahres
Heiligabend feierlich,

während Hemd und Hose offen
durch die Kehle rings im Kreis
Schnaps und Branntwein wird gesoffen
von zehn Räubern kübelweis.
Ha! – Wie ihre Pfeifen dampfen,
wenn verwegen überm Wald
zu dem flotten Spiel der Klampfen
ein frivoles Lied erschallt,

wobei sie es nicht bemerken,
wie im ersten Sternenlicht
über den fatalen Werken
schon die Heilige Nacht anbricht –
Als jetzt prasselnd aus den Pfannen
Fett von frischen Würsten zischt
und dazu in Krug und Kannen
kühles Bier wird aufgetischt,

Georg

wollen diese Herrn soeben
als zehn halbe Nackedeis
Prost! – die vollen Humpen heben,
als auf einmal siedendheiß
noch vergnügt so schlüpfrig singend,
wie ein Blitz des Firmaments
sie durchfährt die Brust durchdringend
die Verheißung des Events:

Heute ist die Nacht der Nächte!
Hat man daran nicht gedacht,
als man lauthals sang und zechte
in der Heiligkeit der Nacht?
– Vor den Kerzen, die da glimmen,
wollen sie jetzt stundenlang
immer wieder neu anstimmen
passenderen Festgesang!

Aber zwischen den Gesängen
von Erinnerung übermannt
ihre Taten sie bedrängen,
bis verstohlen abgewandt
ganz im Stillen tropfen Tränen
reuevoll in jeden Bart,
um so manchen Frevels willen,
der noch nicht gesühnet ward.

Betend mit gekämmten Bärten
würdevoller und korrekt
halten die nunmehr Bekehrten
sich jetzt anständig bedeckt,
worauf sie mit vollen Händen
für die Armen wie ein Christ
statt zu rauben, reichlich spenden –
weil heut Heiligabend ist.

Kunst und Natur

Supermarkt im Angebot
hat Kiefernzweige, die sind tot.
Ausgeschnitten und geklebt,
haben sie auch nie gelebt
und sind täuschend echt doch nur
Kunst, gebildet nach Natur.

Alle diese fabelhaften
von des Menschen Hand erschafften
Nadeln bleiben malerisch
ewig dunkelgrün und frisch -
aber Duft von echten Kiefern
kann das Warenhaus nicht liefern !

Sind die Wälder einst gestorben,
wird ein Markt für Kunst erworben:
Auf der Fläche pflanzt man dann
Baum für Baum aus Plastik an.
Grüner als man je gesehen,
werden sie als Denkmal stehen.

Der Weihnachtsbaum

Als einst vor vielen langen Jahren
die Großeltern noch Kinder waren,
hat Zweig für Zweig man dichtgedrängt
mit viel Lametta vollgehängt.

Am Faden schwebten wunderbar
Holzpüppchen unterm Engelshaar
mit Silberkugeln, Zuckerherzen
im Licht von echten Weißwachskerzen.

Lametta wurde dann entfernt,
bis rotgeäpfelt, strohbesternt
im märchenhaften Prunkgewand
das Bäumchen wie verzaubert stand.

Im nächsten Jahr ward es beschämt
ringsum gefesselt und gelähmt
von Borstenwürmern, die sich wanden
gesträubt wie lila Festgirlanden

um jeden Ast. – Als Modeschmuck
mit aufgeblasenem Lilalook
die Kugeln im Ballonformat
an einer Kralle scharf aus Draht

so schwer an allen Zweigen hingen,
dass wie ein Schwarm von Schmetterlingen
zur nächsten Weihnacht Seidenschleifen
sich bauschten rot mit goldenen Streifen.

Doch wie im Lauf von Jahr und Zeit
auch wechseln wird des Baumes Kleid –
stets grüßt uns überm Gabentische
der Kindheit Duft aus Waldesfrische.

Esra

Weihnachtswetter

Was wird aus unserem Weihnachtsfest,
wenn Petrus es nicht schneien lässt?
Mürrisch hoben die Menschen den Blick
zum Himmel auf mit stummer Kritik –

Da hat der Herr mit gütiger Hand
Schneeflocken zur Heiligen Nacht gesandt
und hört dann wieder, wie jedes Jahr
„Sauwetter!" brüllen als Kommentar.

Doch als vor zweitausend Jahren gingen
Maria und Josef, sich unterzubringen,
war damals wohl in Bethlehem
das Wetter ihnen angenehm?

Geesche

Wunderbare Reise

Drei Reiter zogen nach Israel
durch sandiger Wüsten Dürre
und führten mit sich auf hohem Kamel
Gold, Weihrauch und duftende Myrrhe.

Als Herrschaftszeichen im Morgenland
war in der Höhe erschienen
ein Licht, das feurig am Himmel stand,
doch wunderbar leuchtete ihnen

in einsamer Nacht sein goldener Strahl
mild in der dämmernden Weite –
als wenn er fern flammend wie ein Fanal
zu einer Verheißung sie leite.

Vertrauend folgten sie immerfort,
mit Demut im reichen Gewande
und forschten geduldig an jedem Ort,
und als sie im Heiligen Lande

fragten nach einem Königssohn,
ob er hier wäre geboren,
saß finster Herodes auf seinem Thron,
wo die Kunde kam ihm zu Ohren,

sodass er erschrak vor der Weisen Mär
und bat sie, weiterzureisen,
um auch ihm, wenn der König gefunden wär,
den Weg zur Wiege zu weisen.

So ritten sie aus Jerusalem
dem steigenden Sterne entgegen
und kamen gezogen gen Bethlehem –
Abseits am Wege gelegen

im himmlischen Lichte erblickten sie
ein Kind gebettet im Stalle,
da wurden sie froh und beugten die Knie
und schenkten die Schätze ihm alle

und zogen wieder zurück in ihr Land,
doch fern von Herodes Morden,
wie es im Traume, vom Himmel gesandt,
war ihnen geweissagt worden.

Doch jedes Jahr in der heiligen Zeit,
da reiten sie wieder zum Kinde,
auf dass die wartende Christenheit
mit ihnen den Weg zu ihm finde.

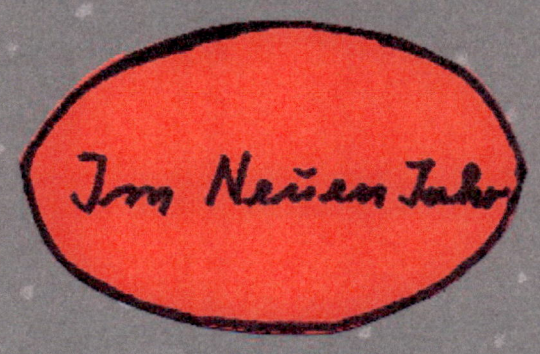

Zwischen den Jahren

Nächtlich über Land und Meer
mit verhängten Zügeln
braust jetzt Wotans wildes Heer
auf des Sturmes Flügeln.

In der Dämmerung verhext
flüsternd zwischen Jahren
langsam die Verwandlung wächst –
Willst du dich bewahren:

Gehe nicht zur Tür hinaus!
Gleich Gespenstern rauchen
Nebelschwaden überm Haus,
und im Grase fauchen

Natternmaul und Krötenbrut,
wo sich unter Farnen,
Spinnwebnetz und Giftpilzhut
Schlangenaugen tarnen.

Hörst du, dass im Tannengrund
schon die Wölfe heulen?
Heiser wie mit Menschenmund
rufen Fuchs und Eulen.

Vogel zwitschert todesbang,
wenn mit Zauberzeichen
Feenschuh und Schellenklang
um die Mauern streichen –

Doch wenn Schnee zur Erde fällt
und die Flocken wehen,
muss der Heiden ferne Welt
ohne Laut vergehen.

Alle Jahre wieder

Wehe! – Wenn mit scharfem Knall
schon am Tag als Überfall
vor den Füßen beim Spazieren
plötzlich Frösche explodieren,

worauf dann zur Mitternacht,
kurz bevor es draußen kracht,
haufenweise schwärmen aus
vor ihr hell bewohntes Haus

fremde, finstere Gestalten,
die in Händen Stangen halten,
welche zischend steil mit Sternen
in die Lüfte sich entfernen,

wo verschleudert werden teuer
im furiosen Freudenfeuer
nur für Illuminationen
hundert Euromillionen!

Doch die Kosten dieses Knalls
steigen noch viel höher, falls
danach wären nicht mehr heile
angesengte Körperteile.

Oder nach dem Knalleffekt
fände man ein Ohr defekt,
manchmal aber umso schlimmer
alle beide und für immer –

wenn man ballert mit Raketen
in den Frieden des Planeten
und zu Neujahr in der Luft
wieder mal das Geld verpufft.

Winterende

Übers Gebirge zur Winterzeit
Flocken wirbeln und fliegen,
bis unter Wolken tief eingeschneit
die Häuschen im Talgrunde liegen.

Rings in die Höhe ein Schneewall sich türmt
aus Silberkristallen im Dunkeln,
während es über den Dächern stürmt,
wo Lampen noch heimatlich funkeln,
gespenstisch die Kälte knistert und knackt
in den Fugen von Balken und Mauern
und unter stäubendem Puder versackt
die Landschaft in Schneeflockenschauern.

Doch dem Murmeltier, in der Erde versteckt,
zuckt es schon durch die Glieder,
denn es träumt, es würde bald aufgeweckt
vom Flammenzauber, wenn wieder
flutet das goldene Sonnenlicht,
bis hinter schützender Schwelle
die Schläfer erwachen mit Zuversicht
in des Tages steigender Helle.

Und ein blitzender Strahl
überm dämmernden Tal
kitzelt das Häschen
leise am Näschen
als lockender Frühlingsbote –
dass es verdutzt
blinzelt und putzt
den Schnurrbart mit haariger Pfote.

Georg

An die Kinder der Malschule !

Für unser Weihnachtsbuch habt Ihr schöne Bilder gemalt –
sie haben mir a l l e sehr gut gefallen!

Aber nicht alle hätten in das kleine Buch gepasst,
ich musste also einige auswählen und verkleinern.

Seid nicht enttäuscht, wenn Eure Bilder nicht dabei sind –
vielleicht beim nächsten Mal?

Malt fleißig weiter! – Die Uhr und die Schneeflocken sind von
mir: Sie waren am leichtesten!

Und noch etwas: Keiner weiß genau,
woher die Weihnachtsmänner kommen,
und deshalb gibt es darüber verschiedene Meinungen.

– Nur eines ist sicher:
   Im nächsten Jahr sind sie alle wieder da!

        Es grüßt und dankt Euch
        Eure Inge

Die Bilder wurden gemalt von Kindern der Malschule
Norderney unter der Leitung von Gloria Kampfer.

Ganzseitig:
Charlotte von Grotthuss (Coverbild), 8 Jahre
Ewa Barty, 7 Jahre
Ina Meyer, 8 Jahre
Jakob Jentsch, 7 Jahre
Teelke Opitz, 11 Jahre
Carina Eckardt, 10 Jahre
Joon Kampfer, 7 Jahre
Louisa Kupfer, 6 Jahre
Jannis Dünnemann, 8 Jahre
David Jahn, 7 Jahre
Esra Huwe, 5 Jahre
Geesche Jahn, 6 Jahre
Van Anh, Le, 13 Jahre
Gregor Solaro, 13 Jahre

Bad Dürkheim:
Georg v. Massow, 13 Jahre